Sommaire

N° 31
Août - septembre 2020

+

Ton super poster !

P'tit + WEB petitesalamandre.org

Dès que tu vois ce logo, c'est qu'une surprise t'attend sur le site : vidéos, sons, coloriages...

Le cygne

Drôle d'oiseau

Comme tous les matins, en août, **Sam la petite salamandre** se promène sur les berges du lac. Elle adore cet endroit : on y trouve de quoi grignoter et, quand il fait chaud, on peut même se baigner.

Soudain, alors que tout semble calme, elle entend un grand « SPLASH » !

T'es qui toi ?

Le cygne. Tu ne reconnais pas mon long cou élégant ? Et mon plumage d'un blanc éclatant ?

Euh… si. Moi c'est Sam. Tu es immense ! J'ai rarement vu un oiseau aussi gros.

Je ne suis pas gros, je suis costaud ! Je pèse 10 kilos et je mesure plus de 1 mètre de long.

Waouh ! Tu arrives quand même à voler ?

Évidemment… Bon, bien sûr, je dois prendre beaucoup d'élan. Et on m'entend de loin quand j'agite mes grandes ailes. Mais sur l'eau ou en vol, je reste toujours majestueux !

Bien sûr… Tu vis seul sur le lac ?

Pas du tout, j'ai une grande famille. Je suis en couple depuis longtemps. Et nous avons 8 petits cygnes encore tout gris. En ce moment, ils apprennent à voler. Regarde-les, là-bas !

Oh, qu'ils sont mignons ! Je te laisse les rejoindre. Je reviendrai vous voir.

Merci Sam. À bientôt, j'espère !

Illustrations : Émilie Vanvolsem.

P'tit + WEB petitesalamandre.org

Regarde l'envol du cygne !

L'été des marmottes

**Les marmottes se reposent près de leur terrier.
Replace les pièces manquantes.
Attention, une pièce n'appartient pas à ce puzzle. Laquelle ?**

1 2 3 4

Le jeu des couleurs

Sur chaque ligne, barre celui qui n'a pas sa bonne couleur.

Miam, une crotte !

Quelle mouche va se poser sur la crotte du putois ?
Suis les fils du bout de ton doigt pour le savoir.

Jour et nuit

Un de ces papillons vit la nuit.
Indice : ses antennes sont poilues.
Entoure-le.

Nom secret

Qui butine la fleur ?
Pour connaître son nom,
barre tous les **F** de ce mot.

FBFOFFUFRFDFOFFN

_ _ _ _ _ _ _

Dessine-moi une grenouille

Suis les étapes présentées ci-dessous pour dessiner ta grenouille.
Tu peux repasser sur les modèles pour t'entraîner.

Solutions p. 33

P'tit + WEB petitesalamandre.org

Apprends à dessiner la coccinelle en vidéo.

Dans les champs de blé

Cherche et compte tous les animaux qui vivent près des champs de blé.

2

Rat des moissons

2

Corbeau

2

Hirondelle

1

Alouette des champs

2

Lièvre brun

1

Belette

2

Chevreuil

Illustrations : Magali Attiogbé.

Compte les coquelicots.

LE CRABE

un été à la mer

C'est l'été. Quelle chaleur sur la plage ensoleillée ! Caché dans son creux de rocher, le crabe tourteau reste au frais. Coucou ! il sort de son trou en marchant de travers. Le tourteau est tranquille : avec ses pinces et sa carapace, personne n'embête ce petit costaud.

Allez, plouf ! Sam nage à sa rencontre. Tu viens aussi ?

Un dossier de Pascale Hédelin
illustré par Laure du Faÿ

Qui est-il ?

Classe : Crustacés
Taille : jusqu'à 30 cm (comme une assiette)
Poids : en moyenne 1 kg
Habitat : mer du Nord, océan Atlantique, Manche

PINCE-MI, PINCE-MOI !

**Pas besoin de maillot de bain !
Avec sa carapace et ses pinces, le crabe a un équipement parfait pour se promener, se protéger, se défendre et manger.**

CARAPACE SOLIDE ET BRONZÉE

Grosse et lisse. Protège son corps tout mou à l'intérieur. Sa couleur brun orangé est discrète : un bon camouflage sur la plage.

2 PINCES

Très puissantes. Elles lui servent à déchiqueter ses repas, à creuser et même à se défendre.

4 ANTENNES

2 mini-antennes équipées de poils fins très sensibles, pour toucher et sentir les goûts. Plus 2 antennes longues et raides, pour toucher aussi... Celle de droite porte le trou à pipi !

De l'eau !

Il a 2 branchies pour respirer sous l'eau, comme les poissons. Il peut les remplir d'eau et continuer à respirer 12h à la surface.

PETITS YEUX

Verts, placés dans 2 creux à l'avant de la carapace. Bougent et l'aident à voir dans toutes les directions pour guetter le moindre danger.

8 PATTES

4 pattes de chaque côté pour se déplacer, elles sont assez fines et poilues. Les poils lui permettent de sentir ce qu'il touche. Griffes au bout pour s'agripper partout.

BOUCHE SANS DENTS

Une mâchoire efficace, qui s'ouvre et se ferme. Pratique pour saisir la nourriture, découper, mastiquer...

Dossier

UN CRABE À LA PLAGE

Il a l'air d'un gros pépère, mais il peut filer à toutes pattes dans la mer. Et quand sa famille s'agrandit, ça grouille de petits !

MARCHE EN CRABE

Il avance de travers, « en crabe ». Ses pattes se plient sur les côtés, à droite et à gauche, pas vers l'avant comme toi. Si tu l'approches de trop près, il peut reculer pour se cacher sous un rocher. Marche arrière toute !

PIQUE-NIQUE À LA MER

Le tourteau se nourrit surtout d'animaux morts. Il est très utile : il nettoie ce qui risque de pourrir. Parfois, à coups de pince, clac ! il capture des moules, des bigorneaux, des vers… Il peut aussi creuser profond sous le sable pour se régaler de couteaux.

Roulade sur le sable

S'il se retrouve sur le dos, pas de panique. Ho hisse ! le crabe se soulève en poussant fort sur ses grosses pinces… hop ! le tour est joué.

P'tit + WEB petitesalamandre.org

Bon appétit, monsieur Crabe !

NOUVELLE CARAPACE D'ÉTÉ

Tous les ans, le crabe change de carapace car elle ne grandit pas avec lui. La nuit, son corps se gonfle d'eau et grossit. Craac ! sa carapace se fend sur les côtés et il en sort. Il reste mou et fragile pendant une semaine, le temps que la nouvelle repousse.

BÉBÉS À PINCES

Madame Tourteau pond des milliers d'œufs qu'elle garde collés sous son ventre. Elle reste cachée avec eux de longs mois, sous l'eau, sans manger. Puis une mini-larve aux airs de crevette sort de chaque œuf. Elle se transforme et devient un jeune crabe tout beau !

SES COPAINS MARINS

Dans l'océan, parmi les rochers ou au bord de la plage, voici d'autres petits animaux marins que tu peux rencontrer… Sans oublier les autres crabes !

L'ÉTOILE DE MER AUX 5 BRAS

Chacun de ses bras porte des ventouses… et un œil au bout. Souvent, si un bras est coupé, il repousse tout seul ! L'étoile de mer peut aussi s'en débarrasser exprès pour se libérer d'un prédateur.

L'OURSIN, BOULE DE PIQUANTS

Tout rond, il est hérissé de piquants bien durs. L'oursin mange des algues qu'il écrabouille avec ses dents très solides placées sous son ventre. Fais attention, si tu marches dessus, ses épines se cassent et peuvent rester coincées dans ton pied. Mieux vaut éviter !

Salut, les cousins !

Le crabe vert se faufile entre les rochers. Ce goulu mange des oursins, coquillages, crevettes, poissons... Le crabe de sable, lui, est petit et fragile. Un danger ? Il disparaît dans le sable.

LE BERNARD-L'ERMITE DÉMÉNAGE !

Il trottine sur le sable au bord de l'eau, mais ce petit timide s'y enfonce pour se cacher à la moindre alerte. Il abrite son corps tout mou dans une coquille abandonnée. Il doit en changer au fur et à mesure qu'il grandit.

LE COUTEAU QUI NE COUPE PAS

Tout long, il a une coquille lisse. Sa tête est à un bout et son pied à l'autre. Le couteau s'enfonce droit dans le sable. On le repère aux petits trous en forme de 8 sur la plage : il les crée quand il aspire et souffle de l'eau de mer pour respirer.

Avec Crousti et Pioupiou, chouchouter la planète, c'est facile comme tout !

Petits trésors d'été

À LA MER

À LA MONTAGNE

Le p'tit geste nature

Pendant tes balades, ramasse uniquement ce que tu trouves par terre. Ne cueille pas les fleurs. Présente joliment tes collections... et invite tes copains à l'expo !

Conception et illustrations : Danièle Schulthess.

Avec Crousti et Pioupiou, cuisiner, c'est facile comme tout !

Tzatziki maison

1
Creuse le concombre pour enlever les graines.

2
Râpe-le.

Pour 2 personnes

- 1 demi-concombre bio
- 1 yaourt
- 1 c. à s. d'huile d'olive
- sel et poivre
- 1 gousse d'ail écrasée
- menthe ciselée

3
Essore le concombre râpé dans tes mains.

4
Mélange-le avec tous les autres ingrédients.

5
Déguste frais, en trempant des légumes crus : carotte, courgette, tomate...

Avec Crousti et Pioupiou, bricoler, c'est facile comme tout !

Comète filante !

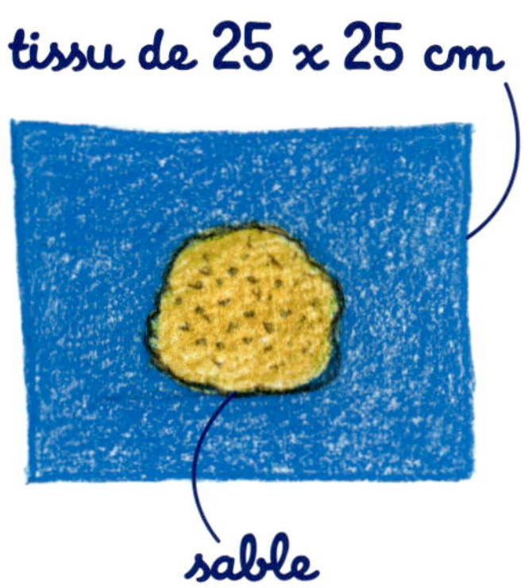

Réunis les 4 coins
et fais un nœud.

Attache des rubans de tissu,
dont un plus long.

Conseil

Fais des moulinets et lance ta comète le plus loin possible !

Conception et illustrations : Danièle Schulthess.

Avec Crousti et Pioupiou, découvrir la nature, c'est facile comme tout !

C'est le moment de...

MARCHER
dans les herbes hautes

Sous mes pas, les sauterelles
et criquets font de grands bonds !

ÉCOUTER
l'orage

Il éclate en fin de journée.
BROM le tonnerre...
ZZiii les éclairs...
PLOK PLOK PLOK les grosses
gouttes de pluie...

REPÉRER
un ver luisant

Incroyable, cette lumière vert fluo, la nuit !
C'est madame Ver luisant qui appelle son amoureux.

ENFILER
des framboises…

… sur ses doigts. Une à une, je dévore avec gourmandise ces drôles de marionnettes !

CARESSER
l'aneth

C'est doux… et parfumé !

S'ENIVRER
de chèvrefeuille

Le soir, l'odeur de ses fleurs est plus forte. C'est pour attirer les papillons de nuit qui viennent butiner son délicieux nectar…

Textes et illustrations : Danièle Schulthess. Photos : © Fotoschlick (p. 24), © ArtCookStudio (p. 25) - Adobe.

Nick a le hoquet

Comme tous les soirs d'été, Nick le moustique sort du buisson où il s'était installé. C'est là qu'il a passé la journée, bien à l'abri au fond du jardin.
– J'ai bien dorm... hic ! s'écrie-t-il en dépliant ses ailes. Et j'ai une faim de loup, hic !
Pauvre Nick ! Il a tout le temps le hoquet, pas moyen de l'arrêter.

Il vole un moment et repère des marguerites. Comme tous les moustiques, Nick adore leur nectar, ce délicieux sirop sucré.
Il se pose sur l'une des fleurs. Mais dès qu'il plonge sa trompe dans son cœur, son hoquet reprend et il renverse le précieux nectar.
– Hic ! Ce n'est vraiment pas pratique ! rouspète-t-il.

Voilà qu'une abeille se pose près de lui, pour butiner elle aussi.
– Mon pauvre petit, lui dit-elle, attendrie. Pas de panique ! J'ai un truc pour arrêter le hoquet : il faut boire de l'eau glacée.
– Ah bon ? Merc... hic ! Je vais essayer.

Aussitôt le petit moustique file au bord du bassin. Hélas, pas moyen d'avaler la moindre goutte, avec son hoquet.

Très contrarié, Nick zigzague jusqu'aux roses trémières. Un papillon de nuit est en train de savourer du nectar, ce veinard ! Nick essaie à son tour... mais hic ! c'est encore raté.
– Je sais comment t'en débarrasser ! lui dit le papillon. Crie 3 fois : « Pique-Couic ! Pique-Couic ! Pique-Couic ! », bien fort.
Le moustique obéit... enfin, il essaie, car tout ce qu'il parvient à articuler, c'est :
« Hic hic hic et hic ! »
Il est désespéré. Et affamé !

Soudain, il entend une douce musique : «Bzzziiiii !» C'est Angélique, la jolie femelle moustique. Elle aussi habite dans le jardin.
– Qu'est-ce qui t'arrive ? lui dit-elle.
Tu as l'air ramolli comme un lombric !
– Pas du tou… hic ! J'ai juste un problème de hoquet, rétorque Nick, vexé.
– Ah OK ! Tu viens prendre ton dîner avec moi ? lui propose-t-elle.
– Volontiers !

Nick aime bien Angélique. Mais… quelle surprise : la femelle moustique ne va pas boire du nectar. Elle s'approche d'un grand humain assis sur la terrasse. Le nez en l'air, il admire le ciel étoilé. Nick se méfie des humains, si grands et si impressionnants.

Mais Angélique n'a peur de rien !
Elle se pose sur le bras… et tic ! elle le pique sans qu'il s'en aperçoive.
– Je lui pompe juste une goutte de sang, confie-t-elle à Nick, en s'éloignant.
J'en ai besoin pour avoir des bébés.
Plus tard j'irai boire du nectar.

Nick, lui, ne boit jamais de sang. Mais il est curieux. Il tournicote autour de l'humain. Voyons, où va-t-il se poser ? Zut ! voilà qu'il a le hoquet, hic ! Et l'humain l'a repéré : il tente d'écrabouiller le pauvre Nick !

Le petit moustique réussit à l'éviter et s'échappe vite. Mais il a eu la peur de sa vie... si peur qu'il n'a plus le hoquet !
– C'est magique ! s'exclame Angélique.
Quel soulagement ! Nick peut enfin aller butiner les fleurs tranquillement. Mais sans boire trop vite ni se gaver, car il pourrait attraper le hoquet !

Texte : Pascale Hédelin. Illustrations : Lili Scratchy.

Album

Dès 3 ans

Barnabé soigne la planète

Barnabé est un blaireau. Un matin, la radio annonce que la planète est malade. Barnabé sort de son terrier et court rejoindre ses amies Constance la tortue et Claire la taupe. Urgence, laissez-les passer : la planète, ils vont la soigner !

Didier Jeunesse, mars 2020

Ma sélection d'août 2020 !

Les Mal-aimés

Un p'tit loup sauvé par des enfants, une chorale de vers de terre, une araignée terrifiée par les humains, deux chauves-souris dans la nuit… Découvre ces 4 histoires d'animaux mal-aimés en courts-métrages ! Le plus ? Elles existent en livres aussi.

Citron Bien, sortie en salle le 16 septembre 2020

Film

Dès 4 ans

Documentaire

Dès 4 ans

Mon grand livre sur la nature

Apprends à connaître la nature pour mieux la protéger. Suis le parcours d'une graine, observe les petites bêtes des étangs, les très gros insectes, la danse des oiseaux. Chaque jour, la nature offre un spectacle étonnant !

Père Castor, mars 2020

Le Grand Changement

Devenir un papillon, c'est un grand changement pour une petite chenille ! Cette transformation sera peut-être l'occasion de s'aimer comme elle est… Un livre aux illustrations douces comme un cocon.

Glénat jeunesse, juin 2020

Album

Dès 4 ans

Documentaire

Dès 5 ans

Les Bêtes de la campagne

Des textes courts et faciles à lire ! Le professeur Tatsu Nagata te livre avec beaucoup d'humour les secrets des animaux. Au sommaire : la taupe, le lapin, le hérisson, l'escargot et même le cheval. Prêt à les découvrir ?

Seuil jeunesse, mars 2020

Dans mon petit jardin

C'est les vacances ! Cette petite fille est heureuse de voir ses grands-parents, surtout que papi lui a réservé une surprise : un carré de potager pour elle toute seule ! D'abord, préparer le sol. Ensuite, semer et arroser… Mais qui voilà ? Des fourmis, des vers de terre, un lapin…

Les Éditions du Ricochet, mai 2020

Album

Dès 4 ans

Laure, dessine-moi un crabe

Laure du Faÿ
Illustratrice du dossier

Enfant, tu aimais la nature ?

Je passais mes vacances à la campagne à chercher des lézards et des escargots. Ou en bord de mer, au milieu des rochers à pêcher les crevettes à la main dans les flaques d'eau.

Tu as dû être ravie d'illustrer le dossier pour la *Petite Salamandre* !

Carrément ! Comme c'est un documentaire, il est important que le crabe ressemble bien, dans tous ses détails, à un tourteau. Tout en gardant dans mes illustrations une émotion.

Tu adores dessiner des animaux pour les enfants ?

Oui, aussi bien pour les magazines que les livres. J'aime réaliser de grandes scènes et créer de belles ambiances.

Comment fais-tu tes dessins ?

Je cherche des photos. Pas pour les recopier, je ne travaille pas ainsi, mais pour mieux connaître toutes les caractéristiques du crabe justement.

Tu travailles sur ordinateur ?

Seulement à la fin pour les couleurs. J'aime les crayons, pinceaux, papiers... Je crayonne à la main, puis je dessine à l'encre de Chine et au pinceau chaque détail sur un calque séparé... jusqu'à voir apparaître le crabe en entier.

Propos recueillis par Isabelle Desprez

olutions des jeux

Page 6

L'été des marmottes
La pièce n° 3.

Page 7

Le jeu des couleurs
Rouge : escargot, vert : hérisson, orange : chauve-souris, jaune : souris, rose : merle.

Pages 10-11

Dans les champs de blé
2 rats des moissons, 2 corbeaux, 4 hirondelles, 1 alouette des champs, 5 lièvres bruns, 1 belette et 2 chevreuils. Il y a 32 coquelicots.

Page 8

Miam, une crotte !
La mouche n° B.

Jour et nuit
Le papillon n° 3.

Nom secret
Le bourdon.

petite salamandre 4-7 ans

N° 31 | Août - septembre 2020
5e année, bimestriel

Adresse Suisse
Petite Salamandre
Rue du Musée 4, 2000 Neuchâtel
Tél. : 032 710 08 25
info@petitesalamandre.org

Adresse France
Petite Salamandre
CS 40032, 67085 Strasbourg Cedex
Tél. : 03 88 66 86 38
abonnements@salamandre.org

Adresse Belgique et Luxembourg
Petite Salamandre / Forêt.Nature
Rue de la Plaine, 9
B-6900 Marche-en-Famenne
Tél. : 084 313 116
info@salamandrebelux.net

Directeur de la publication
Julien Perrot
Rédactrice en chef adjointe
Isabelle Desprez
Éditrice
Émilie Teixeira
Première rédactrice graphiste
Pauline Maury
Maquettiste
Marion Piauley
Conseiller scientifique
Sébastien Poiret
Conseillère pédagogique
Marie-Pierre Visentin
Correctrice
Claire Debout
Illustratrice mascotte
Émilie Vanvolsem
A collaboré à ce numéro
Armelle Lassoureille Chatel

Directeur adjoint
Baptiste Pfeiffer
Promotion & partenariats
Vanessa Grémaux, Charlotte Grimm
Abonnements & administration
Mélanie Schafter Contini, Éric Holzer, Mathieu Reber, Martine Moulin, Silvia D'Angelo

Imprimeur
L'Imprimeur Simon
ZI rue Noirichaud, 25290 Ornans (France)
Petite Salamandre (encart compris) est imprimée avec des encres sans COV. Papier Freelife silk, origine Italie, 57% de fibres recyclées, eutrophisation (P tot) 0,0046 kg/T.
Loi n° 49-956 du 16 juillet 1949 sur les publications destinées à la jeunesse.

IMPRIM'VERT®

MIXTE
Papier issu de sources responsables
FSC® C041192
FSC www.fsc.org

salamandre
Les éditions de La Salamandre Sàrl
Adresse Suisse
Rue du Musée 4, 2000 Neuchâtel
Adresse France
BP 75 - ZI rue Noirichaud, 25290 Ornans
Dépôt légal à parution
N° ISSN 2297-5063
N° CPPAP 0922 K 92835

Boutique Salamandre

P'tit land art
Jaune

Un imagier land art pour les tout-petits ! Pyramide de prunes gourmandes, labyrinthe de maïs croquant, couronne de boutons-d'or… Une invitation à découvrir une multitude de formes, de couleurs et de trésors naturels !

Format : 15 x 15 cm, 24 pages tout carton
Un livre Salamandre

Dès 9 mois

Téquitoi ?
Le Mulot

Sam, la petite salamandre, adore partir à l'aventure dans la nature. Aujourd'hui, elle tombe nez à nez avec le mulot ! Un véritable expert en cachettes qui a très bon appétit…

Format : 18 x 18 cm, 32 pages
Un livre Salamandre

Dès 4 ans

Pack de 3 posters à colorier

Amuse-toi en famille à colorier ces 3 grands posters richement illustrés sur les thèmes de l'étang, des arbres et du jardin avec une boîte de crayons offerte en cadeau.

Format : 84 x 56 cm
Un produit Salamandre

Pour les petits et les grands

Tous dehors !
En balade

Démasquer la fausse fraise, jouer aux fléchettes bardane, créer un conte nature… Tu n'imagines pas tout ce qu'il est possible de faire en balade au bord des chemins et en toute saison. Voici 60 activités pour toute la famille.

Format : 17 x 26 cm, 144 pages
Un livre Salamandre

Pour les petits et les grands

Nouveauté

salamandre

Prix et conditions de vente de ces produits sur le bulletin de commande ci-contre ou sur **boutique.salamandre.o**